Elisha Ben Yeshoua

Gouverner au Canada

Elisha Ben Yeshoua

Gouverner au Canada

Pourquoi un Ministre canadien doit-il être au sein d'un conseil municipal ?

Dictus Publishing

Imprint
Any brand names and product names mentioned in this book are subject to trademark, brand or patent protection and are trademarks or registered trademarks of their respective holders. The use of brand names, product names, common names, trade names, product descriptions etc. even without a particular marking in this work is in no way to be construed to mean that such names may be regarded as unrestricted in respect of trademark and brand protection legislation and could thus be used by anyone.

Cover image: www.ingimage.com

Publisher:
Dictus Publishing
is a trademark of
International Book Market Service Ltd., member of OmniScriptum Publishing Group
17 Meldrum Street, Beau Bassin 71504, Mauritius

Printed at: see last page
ISBN: 978-613-7-34908-3

Elisha Ben Yeshoua.

Gouverner au Canada

Pourquoi un ministre canadien doit-il être au sein d'un conseil municipal

Gouverner
au Canada (vol 1)

Introduction

La municipalité est le lieu où le pays est préconçu tel un immeuble préconçu avant d'être emmené sur le terrain qui l'attend pour y faire le bonheur de ceux qui vont y habiter.

Elle est souvent le lieu des changements notamment des renversements des lois établies tout comme de l'instauration des nouvelles.

On la voit grande, forte…, mais la municipalité apporte-t-elle ce qu'il faut aux populations ?

La municipalité canadienne peut-elle être une force qui change la vie des populations ?

La municipalité canadienne donne-t-elle de son énergie pour que ceux qui sont en son sein reçoivent ce qui est bon ?

Les villes au Canada sont différentes et évoluent en fonction de chaque génération.

Mais pourvoient-elles à chaque époque aux besoins réels des populations ?

Ont-elles la force nécessaire ou doivent-elles recourir à des interventions au niveau provincial ou fédéral ?

Les ministres fédéraux, provinciaux ou territoriaux peuvent-ils intervenir ou doivent-ils intervenir au sein des municipalités afin que la vie des populations canadiennes change en bien ?

Gouverner
au Canada (vol 1)

TABLE

Gouverner
au Canada (vol 1)

La bonté et la grâce sont deux mots qui s'évanouissent quand nous n'avons pas la possibilité de les maîtriser et que nous les laissons à quelqu'un d'autre qui n'en fera que ce qu'il veut ou voudra en fonction de qui est avec lui ou non et pour qui il travaille ou pas.

Il en est de même pour la gouvernance et le gouverneur, la direction et le directeur, la mairie et le maire.

Gouverner
au Canada (vol 1)

La Municipalité

La municipalité est l'administration territoriale d'une entité de type communale qui peut inclure une seule ville ou plusieurs agglomérations (villages, hameaux, lieux-dits, etc.).
En fonction des nations, on parlera de communes, d'ensemble des élus ou d'organe exécutif de commune, de municipalité…
Chaque pays en possède plusieurs qui travaillent en fonction des pouvoirs qui leur sont donnés.
Nous allons remonter dans l'histoire du Canada et allons en citer quelques-unes, pas toutes car elles sont nombreuses et regorgent chacune de particularités et de différences qu'elles soient à l'Ouest ou à l'Est, qu'elles se positionnent au Sud ou au Nord.

Gouverner au Canada (vol 1)

MONCTON

Situé dans le territoire historique des Micmacs qui comprend l'actuelle côte-est du Nouveau-Brunswick jusqu'à la baie de Fundy, Moncton est fondée par les Acadiens dans les années 1970.

On donne pour nom à ce village Coude ou Terre-rouge qui est traduit en The Bend par les colons allemands de Pennsylvanie qui s'y établissent après la déportation des Acadiens.

L'économie de la ville est marquée dès 1849 par la construction d'un chantier naval par Georges et Joseph Salter. L'année d'après, Coude devient un port d'entrée de par l'augmentation du trafic maritime.

En 1855, alors que Joseph Salter devient son premier maire, sous le nom actuel de Moncton, The Bend est constitué en municipalité.

Dans la foulée, la première banque, Westmorland, ouvre ses portes mais la construction des navires en bois provoque la faillite de la banque et de l'économie locale et la ville perd son statut en 1862.

La confédération canadienne a lieu en 1867. Le chemin de fer intercolonial est construit en 1871. Il implante un atelier et son quartier général en ville, créant une nouvelle prospérité qui donne à Moncton d'être constituée à nouveau en 1875.

Le 23 avril 1890, Moncton devient une cité et la filature Moncton Cotton ainsi que les moulins Humphrey sont créateurs de nombreux emplois.

Parmi les Acadiens qui migrent vers la ville, plusieurs arrivent, malgré qu'ils soient défavorisés face aux anglophones, à ouvrir de petits commerces.

A partir des années 1880, la ville est alimentée en gaz de houille par la Moncton Gas, Light and Water Company qui produit de l'électricité grâce à une dynamo installée à la raffinerie de sucre J.C. Harris.

Gouverner au Canada (vol 1)

Avec une demande grandissante, en 1887, une centrale électrique est construite sur la rue Mechanic.

S'en suit, en 1898, l'inauguration de la première école secondaire de Moncton : l'école secondaire Aberdeen.

Plusieurs annexions feront grandir la cité :

Georgetown le 20 avril 1912, Newton Heights le 1er avril 1950, Sunny Brae le 1er janvier 1955, Parkton le 1er janvier 1956, puis Lewisville, Magetic Hill et l'agglomération de la route de Salisbury, le 9 juillet 1973.

Une paroisse francophone est implantée à Moncton en 1914 et nous assistons à la reconstruction de l'école secondaire Aberdeen après un incendie en 1916.

En 1922, une ligne électrique acheminant l'électricité de la centrale de la rivière Musquash est installée par la Commission d'énergie électrique du Nouveau-Brunswick.

En 1928, un incendie faisant un mort détruit l'aréna Sunny Brae inauguré en 1922.

Moncton accueille la IXème Convention nationale acadienne.

En 1934, la Mutuelle de l'Assomption qui prend le relais de la Société Nationale de l'Assomption incite les Acadiens à exiger des services en français dans le commerce.

Toute présence du français est boycottée par l'English Speaking League en réplique à cette exigence, causant de nombreux congédiements.

En 1935, l'école secondaire de Moncton ouvre ses portes.

En 1940, la cathédrale Notre-Dame-de-l 'Assomption est inaugurée.

L'année suivante, la caisse populaire de Moncton est fondée, puis en 1944 la Caisse populaire de l'Assomption.

Les écoles Saint-Henri et Beaverbrook ouvrent leurs portes en 1949.

Gouverner
au Canada (vol 1)

L'inauguration du zoo de la Côte-Magnétique et de l'école Queen Elisabeth a lieu en 1953.
L'école Sainte-Bernadette et l'école Hillcrest ouvrent leurs portes en 1954.
L'école Bessborough commence ses cours en 1958 et celle de Harisson Trimble accueille ses premiers élèves en 1961.
En 1963, l'université de Moncton est fondée et en 1965 sont inaugurées l'école Birchmount et l'école Forest Glen.
Le premier centre commercial Highfield Square est ouvert en 1969.
Les difficultés économiques pour Moncton se révèlent dans les années 1970 et 1980. Le catalogue Eaton, les ateliers du CN et la base militaire ferment leurs portes, créant des milliers de pertes d'emplois.
Au début des années 1990, l'économie est diversifiée dans les nouvelles technologies en particulier dans les centres d'appel, ce qui profite à la main d'œuvre bilingue.
Nous remarquons un maintien dans tous les secteurs et donc la création de plus d'emplois que ceux perdus des années plus tôt.
C'est le « Miracle de Moncton ».
La finale des jeux de l'Acadie est organisée par la ville en 1998. On assistera en 1999 à la fusion des caisses populaires de Moncton et de l'Assomption qui donneront naissance à la Caisse Populaire Moncton-Beauséjour qui elle fusionnera avec celle de Fredericton en 2002 pour former la Caisse Populaire Beauséjour.
La croissance de la ville ne s'arrête pas et est appuyée par l'organisation d'évènements ou la naissance de projet entre autre le huitième sommet de la francophonie en 1999, l'ouverture en 2002 du nouveau terminal de l'aéroport international du Grand Moncton et Moncton qui devient la première ville

officielle bilingue au pays, un méga concert des Rolling Stones et l'inauguration du nouveau pont de Gunningsville en 2005, la coupe Mémorial en 2006. L'Université emménage dans un nouveau campus en 2008. En 2010 l'école Northrup ouvre ses portes, le Casino Nouveau-Brunswick est inauguré et les championnats du monde juniors d'athlétisme ont lieu à Moncton.

En 2016, Moncton est administrée par un conseil municipal formé d'un maire qui est secondé par deux conseillers généraux et huit conseillers de quartiers.

La Cité est divisée en quatre quartiers comptant chacun deux conseillers à des fins administratives.

L'élection quadriennale du 10 mai 2016 choisi le conseil municipal suivant :

Mandat	Fonctions	Nom(s)
2016 - 2020	Mairesse	Dawn Arnold
	Conseillers généraux	Greg Turner et Pierre Boudreau.
	Conseillers de quartier	
	#1	Shawn Crossman et Paulette Thériault
	#2	Blair Lawrence et Charles Leger
	#3	Robert McKee et Bryan David Butler
	#4	Paul A. Pellerin et Susan F. Edgett (élue le 15 nov. 2016 pour remplacer René « Pepsi » Landry, décédé le 2 août 2016)

Gouverner
au Canada (vol 1)

HALIFAX

Appelée autrefois Chebucto (le plus grand port) par les Amérindiens Micmacs qui vivaient là et aussi Chibouctou en français, Halifax faisait partie de l'Acadie, mais a été à de nombreuses reprises contestée entre la Nouvelle-France et la Nouvelle-Angleterre donnant lieu à plusieurs combats dans la région.

En 1746, le prête missionnaire Jean-Louis Le Loutre devient la liaison entre les colons Acadiens et les expéditions françaises par mer et terre.

La flotte française ayant été reçue dans la baie de Chibouctou, Le Loutre fut la seule personne capable de connaitre les signaux qui pouvaient identifier l'escadre française de l'expédition du duc d'Anville qui est déminée par le typhus et le scorbut. C'est la campagne de Chibouctou, huit mille hommes y périssent.

Des années après, le 9 juillet 1749, la ville de Halifax est fondée par le général Edward Cornwallis comme avant-poste militaire pour les Britanniques dans le but d'attirer des colons et concurrencer ainsi le port français de Louisbourg sur l'île du Cap-Breton.

Etant située sur le deuxième plus grand port naturel au monde, et pouvant être bien protégé par des batteries situées sur l'île McNab, sur le bras de mer du nord-ouest, sur le cap ou se trouve l'actuel Point Pleasant Parck, et sur le site qui est devenu la Redoute-York, Halifax était idéal pour une base militaire.

En 1890 l'hôtel de ville d'Halifax est construit.

L'effort de recherche après le naufrage du Titanic en 1912 est cordonné à Halifax. 121 des 328 corps récupérés ont été enterrés au cimetière de Fairview, 19 autres au cimetière de Mount Olivet et 10 au cimetière Baron de Hirsch.

Lors de la première et de seconde guerre mondiale, les convois de bateaux se réunissent dans le bassin de Bedford, dans le port de Halifax avant de se diriger vers l'océan Atlantique.

Le 6 décembre 1917, une explosion qui s'étend sur 420 kilomètres, due à une collision d'un bateau norvégien, l'Imo, et un bateau français chargé d'explosifs fait plus de 2 000 morts et 9 000 blessés, anéantissant une grande partie de la ville.

Dans les années 1960, 70, 80, du fait d'une économie faible, d'une plus petite base de population et d'une politique gouvernementale locale visant à limiter la croissance suburbaine, il y a une plus faible croissance des banlieues à Halifax qu'ailleurs au Canada.

Aujourd'hui, bien que de grandes étendues pavillonnaires se soient développées à Dartmouth et Sackville, la ville est plus densément peuplée que la plupart des villes canadiennes.

Le parc industriel et commercial du lac Bayers où sont regroupés des commerces de style entrepôts et qui est aujourd'hui un important centre commercial à Halifax et pour la province, fut développé dans les années 1990.

C'est dans ces années-là que la ville a fusionné avec ses banlieues sous un gouvernement municipal unique : la municipalité régionale de Halifax.

La ville a accueilli le sommet du G7 en 1995 ainsi que la XXIXème finale des jeux de l'Acadie en 2008.

Un symbole reconnaissable de Halifax domine le centre-ville de la colline de la citadelle : l'horloge qu'a fait construire en 1800 le prince Édouard, duc de Kent, lorsqu'il était commandant des forces armées britanniques en Nouvelle-Ecosse et au Nouveau-Brunswick.

En 2017 les membres du conseil régional sont le maire et les 16 conseillers qui eux siègent également aux conseils, aux comités et aux commissions, aux comités permanents et aux conseils communautaires.

CHARLOTTETOWN

En 1720 la ville de Port-la-Joye, du côté sud-ouest du port actuel, est fondée par des français habitant à la forteresse de Louisbourg.
En 1755, la plupart des Acadiens de la Nouvelle Ecosse sont déportés par les Britanniques après leur refus de prêter un serment d'allégeance.
Au milieu de la déportation des Acadiens, en août 1758, la colonie et le reste de l'île sont possédés par la flotte britannique.
Le fort Amherst est construit par les Britanniques près du site abandonné de la colonie de Port-la-Joye pour sécuriser l'entrée du port.
La ville nommée en l'honneur de la reine Charlotte, consort du roi Georges III, fut choisie pour être le siège du comté de Queens dans l'arpentage colonial de 1764 par le capitaine Samuel Holland des ingénieurs royaux.
L'année d'après, la ville est nommée capitale coloniale de l'Île Saint John.
La nouvelle capitale de la colonie est saccagée par des corsaires du Massachusetts, des participants dans la Guerre d'indépendance des États-Unis.
Plusieurs prisonniers furent apportés à Cambridge, Massachusetts.
En 1773, a lieu la première assemblée législative, en 1778, la première baraque et en 1780, la première école.
L'Île Saint John est renommée Île-du-Prince-Édouard en 1798 en l'honneur d'Édouard Auguste de Kent qui était le commandant en chef de l'Amérique

du Nord.

En 1802, nous avons le premier bureau de poste de l'île.

Nous aurons par la suite, l'ouverture des portes du marché public Round Market.

Aujourd'hui résidence officielle pour les lieutenant-gouverneurs, la maison du gouvernement est construite à Fanning Bank comme une résidence pour le gouverneur de la colonie, en 1835.

Le nouvel édifice législatif construit dans la communauté de 1843 et 1847 et qui est nommé l'édifice Colonial originairement, changea de nom en Province House, après la confédération avec le Canada.

L'édifice terminé par Isaac Smith (bâtisseur/architecte) fut un grand moment dans l'histoire de la capitale et est toujours utilisé par la législature provinciale. Il est un lieu historique national et le deuxième plus vieux siège législatif du Canada.

L'éclairage au gaz est introduit en 1854.

En 1855, le 17 avril, année où la Banque de l'Ile-du-Prince-Edouard est constituée et où sont formés les services de polices et de pompiers, Charlottetown est incorporée comme ville, tenant sa première réunion de conseil le 11 août de cette année.

En 1856, l'école normale est établie et en 1859 les lampadaires au gaz sont installés.

Le futur roi Edward VII, le prince de Galles, visite la ville en 1860 et pour l'occasion la central Academy est renommée Collège Prince of Wales.

Au début du XIX siècle, hormis le fait d'être le siège du gouvernement, la communauté est reconnue pour la Construction navale et son industrie de bois et aussi comme étant un port pour les pêcheurs.

A la fin du XIXème siècle la construction navale diminua.

En 1874, le chemin de fer de l'Île-du-Prince-Edouard ouvre sa ligne principale entre Charlottetown et Summerside.

Pour plusieurs décennies, le chemin de fer ainsi que la construction navale propulsent le développement industriel près du quai.

L'Hôpital de Charlottetown, premier centre de santé de la province, fut ouvert par le diocèse de Charlottetown en 1879, suivi de l'hôpital de l'Île-du-Prince-Édouard opéré par les fonds public en 1884.

Le statut de la municipalité est promu à ville en 1885.

La religion a un rôle central sur le développement des institutions à Charlottetown avec les écoles publiques protestantes et catholiques (Catholic Queen Square, Notre Dame, St Joseph, Protestant West Kent, Prince Street), les hôpitaux (Hôpital Île-du-Prince-Édouard, Hôpital Charlottetown), et des institutions post-secondaires (Princes of Wales College, St Dunstan's University : Dunstan étant un séminaire au début pour entrainer les prêtres et le Maritime Christian Collège pour entrainer les pasteurs pour certaines religions protestantes à l'Île-du-Prince-Edouard et les provinces maritimes).

Le développement de Charlottetown, comme le reste de l'Amérique du Nord est formé par l'automobile.

L'aérodrome de Charlottetown est modernisé en partie pour le British Commonwealth Air Training Plan et fonctionne pour la durée de la seconde guerre mondiale comme RCAF Station Charlottetown, en liaison avec RCAF Station Mount Pleasant et RCAF Station Summerside.

La piste est renommée Aéroport de Charlottetown, après la guerre.

Pendant la guerre, le chantier naval de Charlottetown fut beaucoup utilisé pour améliorer et moderniser plusieurs vaisseaux de guerre de la Marine royale canadienne.

Plusieurs développements résidentiels s'étendirent dans les régions rurales surtout dans les régions rurales de Sherwood, West Royalty et East Royalty, après la guerre.

Le village de Spring park fut fusionné avec la ville en 1959, prolongeant la frontière nord de la ville de Kirkwood Drive à Hermitage Creek y compris le campus de l'université St. Dunstan.

Le centre de Confédération des Arts, qui a ouvert ses portes en 1964, est un cadeau aux résidents de l'Île-du-Prince-Édouard et inclus une bibliothèque publique, une galerie d'arts renommée, un groupe théâtral qui joue au Festival de Charlottetown chaque été.

De nouvelles écoles sont construites dans la communauté dans les années 1960, et en 1969, la ville est le foyer de la fusion de l'université de l'Île-du-Prince-Édouard (UPEI) localisé sur l'ancien campus de l'université St. Dunstan.

L'hôpital Queen Elizabeth est ouvert en 1982.

En 1983, le quartier général du ministère des Anciens Combattants est déménagé à Charlottetown en raison du programme de décentralisation du gouvernement fédéral.

En 1986, UPEI s'agrandit avec l'ouverture de l'Atlantic Veterinary College.

Charlottetown agrandit son espace bureaucratique et commercial durant les années 1970 à 1990.

Un hôtel près du port et un centre de convention sont construits en 1982 qui aide et encourage la diversification dans la région, causant la construction de complexes résidentiels et de magasins au centre-ville.

En décembre 1989, l'abandon de services de trains dans la province par CN, fait que les terres du train et des industries du côté du port sont transformées en parcs en attractions culturelles.

Un changement majeur se fait pendant la fin des années 1990 et les années 2000 : l'ouverture de magasins à grande distribution à l'endroit où des centres d'achat existent dans les banlieues nord, particulièrement dans la région de West Royalty, qui est une route de jonction clé.

Depuis la fusion de Charlottetown en 1995 avec Sherwood, Parkdale, Winsloe, West Royalty et Est Royalty, la ville occupe la plus grande partie de Queens Royalty.

SAINT JEAN (Terre Neuve et Labrador)

Saint Jean, certainement la plus ancienne colonie britannique en Amérique du Nord.

Aucune preuve véritable de ce que plusieurs soutiennent comme étant vrai, tandis que la ville du Québec est vue comme étant la plus vieille ville du Canada.

Chaque historien apporte son point de vue et tous sont divergents.

Nous ne viendrons certainement pas en rajouter ici mais tout compte fait, le 5 août 1583, Humphrey Gilbert prend possession de la région pour l'Angleterre.

Après une dispute de cette région entre la France et le Royaume-Uni, c'est le Royaume-Uni qui finit par la contrôler.

En 1762, malgré plusieurs autres expéditions qui seront les dernières, la France n'arrive pas à s'emparer de Saint-Jean, et ce sont les britanniques qui la conserveront après la bataille de Signal Hill.

Par la suite, la guerre d'indépendance des États-Unis et celle de 1812 auront pour base Saint-Jean.
La ville est aussi l'une des bases du premier vol transatlantique direct en 1919.
Le port est utilisé pendant la seconde guerre mondiale par les alliés pour les convois.
Saint-Jean est-elle une ville qui sert de base à des batailles ?
Ce n'est pas ce que nous voulons et cherchons à montrer du doigt ici, mais plutôt souligner le rôle important que joue cette ville depuis son commencement jusqu'à ce jour.

MONTREAL

En 1535, l'explorateur Jacques Cartier nomme la montagne qui se trouve au centre de l'Ile de Montréal Mons realis (Mont Royal).
En 1556, le géographe Italien Giovanni Battista Ramusio fait la traduction de Mont Royal à Monte Reale sur une carte.
En 1575, François de Belleforest est le premier à écrire Montréal, écrivant : « [...] au milieu de la campagne est le village, ou Cité royale jointe à une montagne cultivée, laquelle ville les Chrétiens appelèrent Montréal. »
Deux cartes de 1744 par Jacques-Nicolas Bellin nomment l'île de Montréal et la ville, Ville-Marie.
Aujourd'hui, Ville-Marie est devenue le nom d'un arrondissement de Montréal qui inclut le Vieux-Montréal et le centre-ville.
Dans la langue moderne des Iroquois, Montréal est appelée Tiohtia ke. Dans d'autres langues telle que l'algonquien Montréal est Moniang.

Gouverner au Canada (vol 1)

Hochelaga, est le nom que porte un village sur l'île jusqu'à ce que le 2 octobre 1535, Jacques Cartier, après être accueilli par les Iroquoiens, nomme la montagne qu'il voit au centre de l'île Mont Royal.

Après cette découverte de Jacques Cartier, les français entreprennent de commercer avec les Amérindiens.

Grâce au Traité de la Grande Alliance scellé à Tadoussac quarante ans plus tôt par François Gravé en présence de Samuel de Champlain avec le chef innu Anadabijou, les français peuvent s'établir à Québec, à Trois-Rivières et à Montréal.

Un grand réseau de marraines des jeunes Amérindiennes de La Nouvelle- France se déploie : la duchesse d'Aiguillon, la duchesse de Mantoue, Louise de Marillac et la Reine Anne d'Autriche.

En 1673, la congrégation Notre-Dame dirigée par Marguerite Bourgeoys entre en possession de la concession de Verdun.

En 1710, une maison est construite qui passe entre les mains d'Etienne Nivard de Saint-Dizier, marchand grossiste spécialisé dans la traitre des fourrures.

En 1680, on dénombre 493 personnes à Montréal : 75 Parisiens, 68 Normands, 54 Auniens, (La Rochelle), 35 Angeviens, 34 Poiteviens, 28 Mançeaux, 24 Saintongeais, 17 Bretons, 16 Percherons, 13 Angoumois, 12 Champenois et 10 Picards.

En 1642, à l'embouchure de la petite rivière Saint-Pierre, sous la direction de Louis d'Ailleboust de Coulogne, le fort Ville-Marie est érigé sur une pointe qui sera plus tard appelé Pointe-à-Callières.

En 1644, Paul de Chomedey de Maisonneuve concède à Jeanne Mance, une infirmière laïque, une terre de 200 arpents dont 4 arpents de front en bordure du fleuve Saint-Laurent.

En 1645, Le premier hôpital en Amérique du Nord est construit sur cette terre concédée à Jeanne Manne : l'Hôpital Saint-Joseph (futur hôpital Hôtel de Dieu).

En 1646, la traite des fourrures est interrompue et le sud de l'Ontario se développe du fait de la guerre avec les Iroquois qui va durer jusqu'en 1653.

En 1653, c'est la « Grande recrut ». Maisonneuve se rend en France et réussit à recruter 100 nouveaux hommes dans une tentative de sauver la colonie de la faillite économique.

En 1654, pour la première fois, les Outaouais viennent faire du commerce à Montréal.

En 1658, Marguerite Bourgeoys, venue de France en 1653, ouvre une école dans une étable donnée par Maisonneuve.

Elle fonde la congrégation de Notre Dame de Montréal l'année qui suit et fait éventuellement ériger un couvent et la chapelle Notre Dame-de-bon-secours.

En 1660, on estime la population de l'ile de Montréal à 407 habitants.

En 1663, le séminaire de Saint-Sulpice de Paris acquiert l'île et reprend l'administration de la colonie endettée de Ville-Marie.

En 1672, François Dollier de Casson, le supérieur sulpicien, établit un plan de la ville et commence la construction de la première église en maçonnerie sur la rue Notre Dame et d'un séminaire adjacent. Il entreprend aussi les premiers travaux pour le canal de Lachine.

En quelques années le hameau étend ses limites vers le coteau Saint-Louis (l'actuelle rue Notre-Dame).

La ville est fortifiée d'une palissade de pieux de bois à partir de 1685, pour la protéger de toute attaque Iroquoise.

La présence militaire va s'accentuer entre les attaques des Iroquois en 1689 de Lachine, et en 1690, de la Prairie.

En 1701, la Grande Paix de Montréal, le traité qui permit de mettre fin aux hostilités qui handicapaient le commerce des fourrures en Nouvelle France, voit le jour suite à une réunion de 1300 Amérindiens du nord-est de l'Amérique à Montréal.

La ville compte 2 000 âmes.

Après la Grande Paix de Montréal, la nouvelle menace qui plane est celle des Britanniques, ce qui pousse les Montréalais, dès 1717, à remplacer la palissade de Bois de la Ville par des fortifications de pierres.

Cette enceinte de 3,5 kilomètres, de 6 mètres de haut, s'achèvera en 1744.

Le développement agricole se poursuit et plus rien n'entrave l'exploration du continent dont Montréal profite.

Au milieu du XVIII siècle, la rue Notre Dame (en haut du coteau Saint-Louis) est construite de résidences bourgeoises et accueillie les principales institutions de la ville.

La rue Saint-Paul conserve les activités commerciales liées au port.

La garnison est peu à peu expulsée de la place du marché alors requise pour le commerce vers l'espace au nord de l'Église Notre Dame qui devient la place d'armes.

Avec, à l'ombre des murailles, ses couvents et chapelles, ses hôtels particuliers, ses jardins dissimulés par les façades de pierre alignées sur la rue, Montréal a alors des allures de petite ville provinciale française.

Les fermiers de la région franchissent les portes de fortifications pour venir vendre leurs produits aux citadins et en retour faire leurs achats en ville ou y rencontrent les administrateurs coloniaux.

L'immigration très forte à partir de 1815 pousse vers une diversification de l'économie locale et entraîne le développement à plus grande échelle de diverses productions artisanales dont les immigrants apportent avec eux le savoir-faire.

Cette production s'installe tant bien que mal malgré les marchands britanniques qui les voient comme compétitrices.

La construction en 1824 du Canal de Lachine accélère la croissance rapide de la ville.

La seconde moitié du XIXème siècle amène le développement rapide du chemin de fer.

L'industrie artisanale cède peu à peu la place à une industrialisation plus poussée.

De 1861 à 1929, Montréal passe par son Age d'or et devient le plus important centre économique du Dominion du Canada.

A la fin du siècle, le boom du blé profite fortement à Montréal qui est le terminus de cette denrée dans l'Est du Canada.

Au prix d'importantes difficultés financières, Montréal devient majoritairement francophone.

Durant toute la première moitié du XXème siècle, Montréal devient le centre financier du Canada par le fort développement des banques et des autres institutions financières.

Dans les années 1960, Montréal est contrôlée économiquement par une nouvelle élite francophone.

Son statut de ville internationale est renforcé par l'exposition universelle de 1967.

L'attribution à Montréal d'une équipe de ligue majeure de baseball ainsi que la tenue des jeux olympiques d'été de 1976 développent davantage l'image de Montréal comme ville internationale.
De 1801 à 2011, la population de Montréal évolue. Elle passe de 9 000 à 1 812 723 habitants.

TORONTO

Toronto est un ancien fort français du nom de Fort Rouillé fondé en 1750 et dont le site fut abandonné en 1759.
La région de Toronto a été le refuge de nombreux colons britanniques loyalistes en provenance des provinces américaines instables au cours de la révolution américaine.
L'arrivée de ces loyalistes pousse les autorités britanniques à diviser la province de Québec en deux parties avec l'Acte constitutionnel de 1791.
La colonie du Haut Canada est ainsi établie sous le Gouverneur John Graves Simcoe (1752-1806).
De 1793 à 1834, York est le nom de la ville de Toronto, d'après Frederick, duc d'York et Albany, le second fils du roi George III.
En remplacement de Newark, York est choisi comme capitale du Haut Canada par Simcoe, le 1er Février 1796.
Le gouvernement et l'assemblé législative du Haut Canada y sont installés en 1796.
Durant la bataille de York en 1813, la ville capitule et est pillée par les forces américaines.
En 1834, le 6 mars, l'agglomération de York devient Toronto, l'année de son

incorporation comme ville.

A cette époque, Toronto compte 9 000 habitants dont les esclaves afro-américains qui ont fui les black codes instaurés dans certains états.

En 1834, dans le Haut Canada l'esclavage est aboli.

Le politicien William Lyon Mackenzie devient le premier maire de la ville de Toronto.

En 1837, il dirige la rébellion infructueuse du Haut Canada contre le gouvernement colonial.

Le nom Toronto est celui d'un lac se trouvant à environ 120 kilomètres au nord de l'agglomération et qui se nomme aujourd'hui Lac Simcoe (du nom du premier gouverneur du Haut Canada qui fit de York/Toronto sa capitale).

Le mot Toronto signifie « l'endroit où les racines des arbres trempent dans l'eau » dans un dialecte Mohawk de l'est du Canada.

Destination principale des immigrants du Canada, la croissance de la ville est particulièrement rapide au cours du XIXème siècle.

En 1851, la population d'origine irlandaise est le groupe ethnique le plus important de la ville.

Toronto est choisie comme capitale de la province du Canada à deux reprises, et lors de la création de la province de l'Ontario en 1867, Toronto est choisie comme capitale.

Le siège de l'assemblé législative et du gouvernement de l'Ontario sont situés dans Queen's Park.

La ville de Toronto accueille également du fait de son statut de capitale provinciale la résidence du lieutenant-gouverneur représentant la couronne.

Au XIXème siècle, un important système de traitement des déchets est construit et les rues sont éclairées par un éclairage au gaz.

Des lignes de chemin de fer longue distance sont construites.
La compagnie de chemin de fer du Grand Tronc du Canada et la Northern Railway of Canada se réunissent dans la construction de la première gare Union au centre-ville.
Au cours de la fin du XIXème siècle et du début du XXème siècle, la ville de Toronto accueille à nouveau de nombreux immigrants, principalement des allemands, des français, des italiens et des juifs venus de différents pays d'Europe de l'est.
Ils sont bientôt suivis par les chinois, les russes, les polonais et immigrants d'autres pays d'Europe de l'est.
Malgré sa croissance importante, Toronto reste dans les années 1920 la seconde ville du Canada sur le plan économique et sur le plan de la population, derrière la ville plus ancienne de Montréal.
En 1951, la population de Toronto dépasse le million d'habitant avec le commencement d'une grande suburbanisation.
En 1953 la Municipality of Metropolitan Toronto est créée par le gouvernement de l'Ontario pour regrouper plusieurs municipalités de l'ancien comté de York (notamment North York, Scarborough et Etobicoke).
Dès les années 1960, de grands projets immobiliers sont entrepris comme la construction de la first Canadian Place, haute tour (72 étages) blanche du centre-ville.
En 1971, Toronto compte plus de deux millions d'habitants et dans les années 1980, elle est la ville la plus peuplée et le principal centre économique du Canada.
En 1998, la municipalité régionale disparait au profit d'une seule ville : Toronto.

WINNIPEG

Au lieu actuel de Winnipeg, en 1738, au confluent de la Rivière Rouge et de la rivière Assiniboine, il est construit par Louis D'amours de Louvriere, sur ordre du Sieur de la Vérendrye, le premier fort, Fort rouge.
Entre 1869 et 1870, Winnipeg connait la rébellion de la Rivière Rouge lorsque les métis menés par Louis Riel s'opposent à la prise de contrôle par les nouveaux arrivants de l'est amenés par le chemin de fer et négocient l'entrée du Manitoba dans la confédération en 1870.
Le 8 novembre 1873, Winnipeg est incorporée comme ville, adoptant ce nom trois ans plus-tard.
La ville actuelle de Winnipeg est créée par l'incorporation de plusieurs cités de banlieue, une organisation qui subit ensuite des ajustements mineurs.
Du fait du terrain plat inondable, la législation décourage l'urbanisation hors des limites de la ville qui est donc entourée de champs.

SASKATOON

Avant la fondation de la ville, la région est déjà habitée. Les plus anciennes traces de civilisation remontant à environ 6 000 ans.
Les vestiges stratifiés des sites amérindiens de Tipperary Creek près de Saskatoon révèlent l'occupation de la région par des tribus autochtones en hiver.
La ville de Saskatoon est fondée en 1883 par des colons d'une ligue de tempérance provenant des provinces plus à l'est du Canada.
Le nom Saskatoon provient de l'expression mi-sâskwatômina (des baies

d'amélanchier) en langue cri.

En 1890, la ligne de chemin de fer Regina-Prince Albert arrive à Saskatoon, et provoque l'essor d'un nouveau centre commercial du côté ouest du fleuve.

De 1906 à 1913, Saskatoon devient un carrefour ferroviaire dans l'ouest du Canada, avec trois chemins de fer intercontinentaux.

Elle grandit rapidement et affirme sa position comme centre de distribution.

L'université de la Saskatchewan est créée là-bas vers 1909.

Les taux d'intérêts élevés et le resserrement monétaire arrêtent la rapide croissance de Saskatoon.

Dans les années 1920, un autre temps de prospérité voit le jour, mais est stoppé par la grande dépression.

Après la seconde guerre mondiale, le développement de la ville reprend.

Dans les années 1950, Saskatoon devient la ville dont la croissance est la plus rapide au Canada.

Entre 1955 et 1961, elle continue à connaitre une forte expansion avec l'ouverture de mines de potasse (1958) à proximité et de mines d'uranium dans le nord de la province.

Sa croissance se poursuit pendant les années 1960 et 1970.

Dans les années 1980, le marché de l'uranium décline mais est compensé par de nouvelles industries de haute technologie.

Pendant les années 1990, la demande croissante de potasse et d'uranium, l'implantation d'activités minières pour l'or et le diamant ainsi que l'industrie de la biotechnologie font prospérer Saskatoon.

CALGARY

Avant la colonisation de la région de Calgary par les Européens, la région fait partie du domaine du peuple des Pieds-noirs dont la présence remonte à au moins 11 000 ans.
Les français sont les premiers européens à explorer la région.
Ils construisent le fort La Jonquière dont la localisation exacte demeure incertaine.
John Glenn est le premier européen anglophone à s'installer dans la région.
L'endroit devient un poste de la police Montée du nord-ouest (la GRC) qui a pour tâche de protéger les plaines de l'ouest des marchands de whisky en provenance des États-Unis.
D'abord appelée Fort Brisebois, en l'honneur de l'officier Ephrem Brisebois de la police montée, ancien combattant volontaire canadien dès la guerre de Sécession et ancien membre du bataillon canadien des zouaves pontificaux, la ville est renommée Fort Calgary en 1876 à cause de la vive hostilité du colonel Macleod, son supérieur hiérarchique.
James Macleod propose aux autorités de donner à la ville le nom d'une plage sur l'île de Mull en Ecosse, ce qui est accepté.
Calgary commence à devenir un important centre commercial et agricole lorsque le chemin de fer Canadien Pacifique s'étend jusqu'à la région et qu'une station de train y est construite.
Calgary acquiert officiellement le statut de municipalité en 1884.
En 1894, Calgary devient la première ville de ce qui est alors les territoires du nord-ouest.
Les premiers gisements de pétrole sont découverts en Alberta en 1902, mais

l'industrie devient réellement importante en 1947 lorsque des réserves énormes sont découvertes.

L'économie de la ville connait un essor et la population croît.

Durant ces années d'expansion, des gratte-ciels sont construits à un rythme presque sans précédent dans le monde.

Le centre-ville jusque-là dominé par des édifices à quelques étages, est rapidement submergé de gratte-ciels, tendance qui continue à ce jour.

Comme le secteur de l'énergie est responsable de la plus grande part des emplois à Calgary, les conséquences de la récession des années 1980 sont énormes.

Le taux de chômage monte en flèche.

Se rendant compte qu'elle ne peut dépendre uniquement que de la seule industrie pétrolière, la ville se diversifie économiquement et culturellement.

La période de la récession marque la transition de Calgary d'une ville de taille moyenne des prairies en un centre urbain cosmopolite et diversifié.

L'économie de Calgary et de l'Alberta connait toujours une expansion parmi les plus rapides du pays.

L'industrie du gaz et du pétrole occupe la plus grande part de l'économie mais la ville s'est beaucoup investie dans d'autres secteurs.

Le tourisme est l'une des activités économiques qui connait la plus forte expansion dans la ville.

D'autres secteurs d'importance comprennent la manufacture légère, la haute technologie, le cinéma, le transport et les services.

VANCOUVER

Les premiers habitants de Vancouver sont les peuples indigènes de la côte nord-ouest Pacifique.

La ville est située dans le territoire historique de trois Salishs de la côte : les Squamish, Tsliel-waututh et Xwméthkwyiem (Musqueam-du nom masqui – une herbe qui pousse dans la mer).

Les Xwméthkwyiem vivent sur les rives sud du fleuve Fraser.

Dans la zone de False Creek et Baie Burrard, les Squamish vivent dans de nombreux villages du North Vancouver, également près de Baie Howe et plus haut dans la ville de Whistler.

Les Tsleil-Waututh se trouvent principalement plus bas, dans les environs de burrard.

Les Musqueam vivent depuis 4 000 ans dans leur village principal d'hiver, Xwmé-thkwyiem, à l'embouchure du fleuve Fraser.

L'écosystème de Vancouver fournit abondamment les habitants en nourriture et matériaux depuis plus de 10 000 ans.

Lors du premier contact européen, les Squamish viennent de s'établir dans des villages autour de l'actuel Vancouver en des endroits tels que Stanley Park, False Creek ou Burrard Inlet.

Les Tsleil-Waututh sont aussi établis à Burrard Inlet lors de l'arrivée du Capitaine George Vancouver en 1792.

Les plus grands villages se trouvent à Xwemelch'stn, près de l'embouchure du Capilano, approximativement sous le pilier nord de l'actuel Pont Lions Gate et à Musqueam.

Le Capitaine espagnol José Maria Narvaez est le premier européen à explorer le Détroit de Géorgie en 1791.

Il accoste à Point Grey et pénètre dans la Baie de Burrard.

L'année suivante, en 1792, le capitaine de vaisseau George Vancouver rencontre l'expédition espagnole de Dionisio Alcala Galiano et Cayetano Valdès y Flores au large de Point Grey et explorent ensemble le Détroit de Géorgie.

Vancouver explore aussi Puget Sound dans la région actuelle de Seattle.

Vancouver, naviguant dans de petites embarcations, accompagné de son officier Peter Puget, arrive dans la ville actuelle de Vancouver avant les espagnols.

De manière informelle, Puget appelle cet endroit Noon Breakfast Point.

On donne le nom officiel de Puget à la Branche Sud-Ouest de Point Grey en 1981.

En 1808, Simon Fraser est le premier européen à pénétrer à l'intérieur des terres descendant le fleuve qui porte son nom.

A l'été 1859, Robert Burnaby et Moberly campent et prospectent en quête de charbon dans le Coal Harbour actuel de Vancouver.

Robert Burnaby écrit : « *Notre temps libre fut consacré à explorer tous les recoins de cette région, qui, je le prophétise, deviendra l'un des plus grands rendez-vous navals et centre de commerce de ce côté-ci du monde.* »

C'est vers 1862 que s'installent les premiers non autochtones dans la ville de Vancouver, à la ferme Mc Cleery, aux alentours de l'actuelle Southland.

La première industrie qui se crée est celle du bois sur les rives de la Baie Burrard, le port actuel de Vancouver.

La première scierie fonctionne en 1863, à Moodyville, construite par l'entrepreneur Américain Sewell Moody ou Sewell Sue Moody.

En 1915, elle devient une municipalité et est rebaptisée « North Vancouver ».
On exporte du bois pour la première fois en 1865, vers l'Australie.
En 1867, la première scierie sur la rive sud de Burrard Inlet, Stamp'sMill, commence à produire du bois de construction vers ce qui est maintenant le bas de Dunlevy Avenue, Vancouver.
Les arbres les plus grands au monde pousse le long des rives sud de False Creek et d'English Bay et fournissent, parmi d'autres utilisations, des mâts pour le grand voilier en fer et pour les plus grands navires de la royale Navy.
Les ouvriers et bûcherons proviennent de toutes parts, pour la plupart scandinaves et Nootkas, venus aussi pour travailler dans l'industrie local de la baleine.
Au début, les Squamish, par nature, ne travaillent pas dans les usines.
Auparavant pilote dans la marine, John (Jack) Dighton monte en 1867 un petit saloon sur la plage à environ un mile à l'ouest de la scierie.
Un certain nombre d'hommes commencent à se fixer près du saloon et le quartier prend rapidement le nom de Gassy's Town, rapidement abrégé en Gastown.
En 1870, le gouvernement colonial de Colombie Britannique apprend la croissance rapide de ce quartier et envoie un contrôleur ayant pour mission d'établir une ville nommée Grandville, en l'honneur du Colonial Secretatry, Lord Grandville, bien que l'endroit soit bien connu sous le nom de Gastown.
Le nouveau site se situe dans le port naturel, raison pour laquelle le Canadien Pacifique en fait le terminus de la ligne.
Le chemin de fer transcontinental est commissionné par le gouvernement du Canada sous la supervision du Premier Ministre, Sir John A. Macdonald, seule condition pour que la Colombie-Britannique rejoigne la confédération

en 1871.

Le Président du CPR, William Van Horne, pense que Granville ne convient pas en raison du rapprochement que l'on peut faire avec Gastown et suggère fortement Vancouver, en partie parce que les gens de Toronto et Montréal savent où se trouve l'Ile de Vancouver, mais n'ont aucune idée de l'endroit où se trouve Granville.

La ville prend son nouveau nom le 6 avril 1886.

Le premier train transcontinental venant de Montréal arrive à un terminus temporaire à Port Moody, en juillet 1886.

Le port Metro Vancouver prend une importance du point de vue international car en position stratégique dans la All Red Route, qui parcourt tout le réseau commercial de l'Empire Britannique, combiné au navire à vapeur et au réseau ferré du CPR qui raccourcit fortement les délais de transport maritimes de l'Orient à Londres.

La ville nouvelle devient un nœud important pour des investissements spéculatifs provenant de capitaux britanniques et allemands.

Après la construction du Canal de Panama, qui, au début nuit au trafic maritime de Vancouver en devenant la meilleure route Asie-Europe, les tarifs de fret diminuent dans les années1920, rendant même bénéficiaire le transport de céréales vers l'Europe depuis Vancouver en plus de celui déjà transporté vers l'Orient.

Dans les années 30, le trafic commercial du port devient le secteur le plus florissant de l'économie de Vancouver.

CBUT-DT, la plus vieille station de télévision du Canada occidental, réalise ses premières émissions en Décembre 1953.

Le Pont Oak Street Bridge, reliant Vancouver à Richmond par le Fleuve

Fraser, est inauguré en 1957.

Un autre grand pont au-dessus du Fraser, les Ponts de Pont Mann en direction de Surrey, ouvre en 1964.

Deux nouvelles universités sont créées, l'institut de technologie de la Colombie-Britannique en 1960 et l'université Simon Fraser en 1965.

En 1967, le district régional du Grand Vancouver est créé.

Greenpeace, l'une des organisations internationales pour l'environnement, est fondée à Vancouver en 1971.

La constante montée en puissance de l'aéroport à Sea Island entraine la construction d'autre pont sur Fraser, l'Arthur Laing Bridge qui s'ouvre au trafic routier en 1975.

Le premier stadium avec Dôme du Canada, BC Place Stadium ouvre en 1983

IQALUIT

La ville est rebaptisée « Frobisher » par le marin et explorateur britannique Sir Martin Frobisher.

Ce dernier a effectué sans succès plusieurs voyages pour la couronne d'Angleterre afin de trouver le passage du nord-ouest et de trouver des ressources naturelles précieuses. Il découvre ladite baie en 1576.

En 1942, la ville de Frobisher Bay est fondée en tant que base militaire américaine pour permettre des réapprovisionnements et des arrêts aux avions militaires allant et venant de l'Europe pendant la seconde guerre mondiale.

Durant les années 1950, la population augmente rapidement à la suite de la construction de la Distant Early Warning Line, un groupe de radars s'étendant sur 5 000 km et faisant partie du système d'alerte du NORAD.

La Frobisher Air Force Base ferme ses portes 1963, mais l'aéroport régional continue à exister et la population locale reste sur place et dans la communauté voisine d'Apex.
Le premier janvier 1987, le nom de la ville change pour la première fois pour « Iqaluit », qui signifie « endroit poissonneux » en inuktitut.
En Décembre 1995, la ville est choisie pour devenir la future capitale du nouveau territoire du Nunavut à partir de 1999 après un référendum sur tout le territoire, mais ce n'est que le 19 avril 2001 que la ville obtient officiellement le statut de ville de la part du gouvernement fédéral.
Depuis 1999, la ville accueille donc les administrations fédérales, territoriales et municipales.

YELLOWKNIFE

Le site de Yellowknife est situé dans le territoire traditionnel de chasse des Chipewyans.
Peter Pond est probablement le premier blanc à atteindre le site de la ville vers 1785.
Il est le premier à identifier l'ancien fort Providence à 30 kilomètres au sud-est, à ne pas confondre avec l'actuel port Providence.
Ce fort sert jusqu'en 1823 d'avant-poste au Fort Athabasca situé dans le nord de l'Alberta.
A l'époque, la seule ville de la région est Dettahn située à 5 kilomètres au sud-est et peuplée par les Dénés.
Des trappeurs, des chasseurs et des prospecteurs campent toutefois à la baie de Yellowknife.

En 1789, à la recherche du fleuve Mackenzie, Alexander Mackenzie visite le fort Providence.

Le site de Yellowknife est peuplé au début du XIXème siècle par les Couteaux-Jaunes, une population désormais incluse dans les Chipewyans.

Les Couteaux-jaunes se déplacent beaucoup pour le commerce.

John Franklin campe près du site de la ville en 1820.

La population des Chipewyans décline à la même époque et le site de la ville est peuplée par les Tlichos.

En 1898, un prospecteur trouve de l'or à Yellowknife durant la ruée vers l'or du Klondike.

Un premier gisement d'or à l'état natif est découvert en 1934 et une première mine ouvre ses portes en 1936.

Le district administratif de Yellowknife est créé en 1934 et une première mine ouvre ses portes en 1936.

Le district administratif de Yellowknife est créé en 1939.

La ville est alors située dans le district de Mackenzie.

La ville prend rapidement de l'expansion et sa population atteint 1 000 personnes en 1940.

L'extraction minière est interrompue durant la deuxième guerre mondiale, sauf à la mine Con.

Après la guerre, la réouverture des mines et l'ouverture de la nouvelle mine Giant cause un développement si important que la Nouvelle-Ville (New Town) est fondée en 1947.

Une centrale hydroélectrique est bâtie au Lac Snare en 1948.

Yellowknife devient un district municipal 1953 et les premières élections municipales ont lieu.

Une route est construite en 1960.
Jusque-là la ville est uniquement accessible en avion ou par une route de glace durant l'hiver sur le Grand lac des esclaves.
En 1967, la ville devient la capitale des Territoires du nord-ouest lorsque le gouvernement du Canada y déplace les commissaires des Territoires du nord-ouest et du gouvernement territorial d'Ottawa, contribuant à l'économie de la ville.
En 1970, Yellowknife est constituée en ville, la seule à ce jour dans les territoires.
En 1986, la mine Giant est l'une des dix plus productifs au monde.
En 1992, durant une grève, un mineur fait exploser une bombe dans un tunnel, causant 9 morts. C'est le plus important crime de l'histoire industrielle du Canada.
Durant les années 1990, l'économie de la ville souffre des compressions budgétaires du gouvernement fédéral.
Le premier avril 1999, le Nunavut est formé à partir de l'est des Territoires du nord-ouest et le tiers des fonctionnaires y sont déplacés, nuisant davantage à l'économie de la ville.
Suite à l'épuisement de la ressource, de l'augmentation des coûts et du bas prix de l'or, la mine Con ferme en 2003, suivie par la mine Giant en 2004.
Des diamants sont découverts en 1991.
La première mine du pays, la mine Ekati, est inaugurée en 1998.
La mine Diavik ouvre en 2003, la mine de Snap Lake ouvre en 2007 pour fermer en 2016, et la mine Gahcho Kué ouvre en 2016.
Ces mines vivent en autarcie la majeure partie de l'année jusqu'à ce que les lacs gèlent pour que des routes soient fabriquées sur les glaces afin que les

semi-remorques y transportent du matériel.

WHITEHORSE

Whitehorse est un lieu de pêche, de chasse et de rassemblement estival pour les autochtones.

L'endroit est nommé ainsi vers les années 1880 par des prospecteurs blancs à cause des rapides du fleuves Yukon rappelant la crinière d'un cheval blanc.

Après la découverte d'or au Klondike en août 1896, l'endroit devient un important centre d'approvisionnement de la ruée vers l'or de 1897 et 1898.

Pour faciliter l'accès aux mines, la White Pass and Yukon route construit un chemin de fer reliant Skagway en Alaska au territoire.

La construction de la voie ferrée est achevée le 29 juillet 1990, soit après la ruée vers l'or.

Quand les États-Unis partent en guerre contre les Japonais à la suite de l'attaque de Pearl Habor et à une escarmouche dans les Aléoutiennes, les Américains décident de construire, en territoire canadien, une route pour relier l'Alaska au reste de leur pays.

Il faut ravitailler l'État en matériel militaire. Whitehorse devient alors la plaque tournante de la construction de la route de l'Alaska.

Après la guerre, grâce à la route, Whitehorse voit grandir son rôle dans l'exploitation minière (cuivre, or, argent) et le commerce de la fourrure.

Actuellement, Whitehorse, avec seulement 3 microgrammes de pm10 par mètre cube d'air, est considérée par l'OMS comme étant la ville la plus propre du monde.

Un lieu où le pays est préconçu

Un pays ne nait pas du fait qu'un territoire soit grand ou ait une population nombreuse.

Un pays ne vient pas à la vie parce que simplement l'on veut copier ce que l'on a vu ailleurs ou que l'on espère ressembler à quelqu'un d'autre ou aux autres.

Nous ne pouvons pas nous lever un matin et dire que nous sommes ou bâtissons un pays.

Un pays n'a pas vocation à se construire comme on construirait n'importe quelle chose.

Un pays est un pays et le restera.

Sa construction demande d'être et de se mettre à la hauteur de ce que représente un pays.

Un pays est un ensemble, un pays est une évolution.

Nous ne naissons pas en tant que nation ou ne demeurons pas en tant que nation du simple fait qu'on veuille créer une unité ou un groupuscule.

Un pays est avant tout un passé, une origine, une racine avant de devenir le pays que nous avons.

Un pays nait, mais le cours de la naissance d'un pays demande une alliance déjà existante et qui fait naitre d'autre alliance ou possibilité d'alliance.

Un pays sort d'une histoire, mais aussi d'un parcours et de changements.

Faire naitre un pays n'est pas la chose la plus évidente que nous pouvons avoir.

Gouverner
au Canada (vol 1)

La naissance d'un pays est un long processus et un processus souvent périlleux.

C'est un parcours qui se détermine et se peaufine lorsqu'après des années de vie et d'expérience il arrive une réflexion sur notre continuité.

Faire naitre un pays demande du temps et aussi des circonstances.

Faire naitre un pays demande qu'à travers le temps et les circonstances une histoire se crée et puisse se dire au passé, au présent comme au futur.

Plusieurs pays ont cherché à naitre mais jusqu'à ce jour n'ont jamais atteint ce stade-là de la naissance.

Certains sont décédés avant même de voir le jour et d'autres n'ont jamais gouté au stade embryonnaire.

Un pays peut exister sans jamais avoir été et cela est bien dommage.

Tout compte fait, un pays vient de loin et un pays au-delà de venir de loin doit ne pas être avorté.

La naissance d'un pays demande qu'il y ait un lieu ou un environnement ou une rencontre et c'est ce que nous voulons présenter ici.

La rencontre a toujours été depuis des siècles et même restera le facteur clé dans la naissance.

Quand nous parlons de naissance il faut qu'il y ait eu en amont une rencontre ou des rencontres qui dans le temps se solderont par une véritable unité ou une entente commune d'où nous allons voir surgir la naissance.

Et cette naissance portera un nom, et cette naissance portera des valeurs et cette naissance portera plusieurs autres éléments qui permettront encore de vivre.

Un lieu, la ville, ou disons la municipalité.

Lorsque vous vous approchez d'une ville ou d'une municipalité, elle vous semble petite comparée à tout le pays dans lequel vous êtes et même à la région que vous traversez, mais cela reste un élément trompeur.

En effet, la taille de la municipalité que ce soit sur le plan social ou autre n'indique pas l'importance de cette dernière. Car elle est la base du pays, elle est l'origine du pays.

Avant que le pays ne soit, il faut que nous ayons d'abord une naissance ou une vie, celle de la municipalité.

Cette municipalité qui à nos yeux est toute petite dans tout le sens du terme et ne semble pas avoir de puissance ni de force face au pays et aux régions est la seule capable et qui l'a été pour emmener à la vie le pays aussi grand soit-il et encore plus la région.

Le corps humain se compose de membres et ces membres ont chacun une particularité, ils ont chacun une histoire, ils ont chacun un parcours.

Vous n'auriez pas ce corps aussi grand soit-il ou aussi petit soit-il si vous n'aviez pas les membres.

Le corps est, parce que les membres de ce corps sont.

Et même le corps ne prend forme qu'après que les membres du corps aient pris forme.

La forme du corps est en fait la forme des membres.

Lorsque nous disons qu'un corps est robuste, c'est d'abord et avant tout parce que les membres qui composent ce dernier sont robustes.

Lorsqu'un corps est fin, c'est avant tout parce que les membres de ce dernier sont fins.

Vous ne pouvez pas dire qu'un corps a de la beauté ou de la taille sans que les membres ne soient beauté et taille.

Les membres sont en effet cette beauté et cette taille du corps.

Gouverner au Canada (vol 1)

Un membre est précieux pour tout le corps.

Un membre est important pour tout le corps car lorsque le membre est faible ou que l'un des membres est faible, le corps est faible.

Souvenons-nous que lorsque le corps nait ou que le corps prend forme, c'est par la rencontre de deux éléments que tout commence.

Cela commence par cette rencontre insignifiante et cette rencontre insignifiante donne naissance à une forme qui au fur et à mesure laisse la place à une autre forme et ainsi de suite et nous voyons apparaitre les premiers membres ou les premières formes et ces formes deviennent un ensemble et cet ensemble devient une force, et cet ensemble devient une puissance, et cet ensemble devient un bloc.

Tel est le chemin du pays.

Nous ne pouvons pas bâtir une nation ou dire que notre nation existe parce que nous l'avons trouvée et que les pères fondateurs ont posé pierre sur pierre sans vraiment nous attaquer aux éléments réels de cette naissance.

Nous ne pouvons pas juste nous appuyer sur le fonctionnement de ce que nous voyons et ne pas aller chercher ce qui est le plus important et qui a permis d'arriver là où nous sommes.

Un pays devient et un pays commence à faire ses premiers pas et ses premières courses ou ses premiers sauts parce que ses membres sont tout à fait prêts à faire à cela.

Et les membres du pays ce sont les municipalités.

Sans la municipalité, vous ne pouvez pas être une nation ou un pays ne peut pas être si la municipalité n'existe pas.

Nous ne pouvons pas bâtir un pays en nous appuyant sur rien.

Nous ne pouvons pas construire notre nation sans nous appuyer sur ses membres.

Et cet ensemble-là donne au pays sa pulsion.

C'est parce que les municipalités sont que le pays devient.

C'est l'histoire de ces municipalités qui fonde ou fait vivre l'histoire du pays.

Une nation nait et cela est un événement, mais lorsqu'une municipalité nait c'est une nation qui est train de se bâtir.

Une Municipalité pour un grand bien des habitants

Les municipalités, avant d'être, sont des lieux d'habitation et de vie pour des humains et les espèces de tout genre qui accompagnent les humains.

Les humains ne peuvent pas vivre dans un endroit sans y avoir leur habitation, leur coutume, leur culture.

Ainsi, les hommes marchent avec tout ce qui fait d'eux ce qu'ils sont.

Les hommes n'évoluent pas sans ce qu'ils sont et ne sont pas.

Lorsque vous rencontrez des Hommes quel que soit l'endroit où ils vivent, ils sont d'abord une communauté ou des communautés qui essaient de suivre un chemin, le leur, afin d'aboutir à un objectif celui d'être heureux voire de rendre heureux.

Être heureux, cela se vit et se communique.

Vous ne pouvez pas être heureux sans vouloir que quelqu'un le soit.

A un moment donné vous êtes conduits à faire du bien à quelqu'un autour de vous.

Et cela est tout à fait naturel ou dirons-nous, c'est dans la nature de l'homme.

Mais il faut préciser que la nature de ce bien que vous allez faire à quelqu'un peut être appréhendée différemment selon que vous êtes ou non dans un environnement organisé, hostile ou non.

Vous n'imaginez pas combien de personne font du bien le sachant ou pas.

L'homme fait du bien et vit tous les jours pour voir du bien dans sa propre existence.

Et c'est de cette existence dont il est question lorsque nous sommes ou

rencontrons une communauté d'individus.
Les individus se suivent et se succèdent et continuent à garder leur habitude et leur coutume.
Mais pour que cette manière de vivre perdure, il faut que ces derniers vivent dans un endroit et que cet endroit ne soit pas en proie à la déstabilisation mais à la stabilité.
Et cet endroit c'est la municipalité.
La municipalité nous ne disons pas que c'est un lieu où l'on est en sécurité et que c'est un lieu de sécurité.
Ce n'est pas ce qui s'explique ici.
Ici c'est la municipalité en tant que lieu d'existence d'une ou plusieurs communautés mues par diverses visions ou conduites sur des chemins différents dont l'unique et l'essentiel reste la paix.
Nous ne vivons pas en paix ou n'avons pas la paix parce que nous nous sommes levés de bonne heure et que tout fonctionne bien pour nous et que nous pouvons aller à gauche ou à droite et ainsi de suite et faire ce que nous voulons.
Il est vrai que c'est aussi synonyme de paix, le fait de passer par ces chemins-là.
Mais une paix, celle de l'homme est d'abord et avant tout garantie par un lieu, la municipalité.
En effet sans la municipalité nous avons plusieurs villages, plusieurs hameaux qui sont et existent et qui de par leur dispersion déploient plus de force et d'énergie qu'il ne faut, mais n'aboutissent qu'à un environnement de non-paix.
Nous ne disons pas que le fait de se séparer n'est pas un chemin de paix.

Gouverner
au Canada (vol 1)

Nous ne sommes pas en train de dire que le bonheur pour qu'il soit doit prendre appui sur la municipalité.

Non ce n'est pas cela qui est présenté.

Nous disons qu'avant de connaitre les municipalités que nous avons aujourd'hui, des communautés existaient et avaient un rythme de vie et une manière de vivre qui apportait une paix.

Elle n'était pas une paix comme celle que nous essayons de présenter ou disons le bonheur comme nous essayons de le présenter.

Mais néanmoins, il y avait quelque chose qui se produisait et donnait la place à une symbiose, à un certain réconfort.

Nous pouvons même dire qu'une paix existait.

Mais ici, ce que nous souhaitons présenter, la paix que nous montrons du doigt va au-delà de ce qu'autrefois ces hommes-là vivaient ou avaient vécu comme paix ou disons comme bonheur.

Il est difficile de comprendre que souvent notre bonheur dépend de celui de l'environnement ou du lieu dans lequel nous vivons.

Nous ne pouvons pas vivre et être heureux si l'endroit où nous sommes et vivons est un endroit malheureux ou un endroit où la paix ne règne pas.

Lorsque vous vivez et que vous vous dites : je suis heureux du fait que j'ai atteint ceci ou cela ou que j'ai fait ceci ou cela ou que j'ai vu ceci ou cela, il est difficile sur le champ d'appréhender tout ce qui s'est mis en place et qui a permis l'aboutissement de cette paix-là.

Et c'est ce dont nous voulons parler.

Vous pouvez vous parez de ce que vous devez et qui vous rendra heureux mais avant que cette joie-là ne soit, un environnement était et un lieu était et un bonheur était.

Gouverner
au Canada (vol 1)

Car le bonheur de chaque canadien puisque c'est ce dont il est question dépend du bonheur d'un autre canadien.

Nous pouvons dire tout simplement que le bonheur de tout canadien dépend du bonheur du lieu où il vit.

Or si le lieu où il vit n'est que son village ou que le lieu où il vit n'est que sa maison, la restriction existe et reste un élément non fondateur dans cet endroit.

Par contre si le bonheur va au-delà et est en connexion avec la municipalité, ce bonheur peut être et est même parfait.

Pourquoi ?

Il faut savoir que les intérêts d'une municipalité sont plus conséquents que celle d'un village ou d'une habitation, et en fonction de la croissance démographique, nous pouvons nous retrouver dans un environnement fournissant ou pouvant fournir davantage d'intérêts.

Or l'intérêt est le centre de motivation du cœur du peuple ou disons de tout peuple.

Dans une municipalité nous pouvons rencontrer des difficultés visibles mais qui restent cachés lorsque nous sommes au niveau du village.

Nous ne disons pas que le village n'a pas son rôle.

Ce n'est pas ce qui se dit.

Nous ne disons pas que la stabilité ne peut pas se bâtir en tirant sur la corde des villages.

Non, ce n'est pas cela.

Si vous rencontrez un sans-abri ou un meurtrier ou encore d'autre manifestations humaines, il vous sera difficile d'apporter une réponse au niveau du village ou même de la maison puisqu'elles restent cachés ou ne se dévoileront certainement jamais.

Mais au niveau de la ville, toutes ces manifestations quelles qu'elles soient sont dépouillées de leurs vêtements et de tout ce qui leur permet de se cacher ou d'être cachées.

Et si jamais nous n'arrivons pas à déceler les problèmes du fait que ces problèmes soient cachés ou si nous n'arrivons pas à prendre connaissance de bonnes choses du fait que ces bonnes choses restent cachées, alors le bonheur est bien loin de nous.

En effet, la municipalité permet de revendiquer de manière ouverte un manque ou un besoin ou un plan ou une mentalité ou un désir et ce de manière officielle ou disons à grande échelle.

Ce qui implique et pourrait impliquer la région ou l'ensemble de régions qui prennent appui sur cette municipalité.

La municipalité nous donne de prétendre à une reconnaissance constitutionnelle ou une certaine reconnaissance constitutionnelle qui sera différente de celle dont pourrait prétendre une maison ou un village ou un hameau.

La municipalité peut aussi développer ou revendiquer un développement sécuritaire sur le plan financier, chose très difficile à réaliser au niveau d'un village ou d'une habitation.

En effet, la résonnance des mots, le ton des mots, la force des mots n'auront pas le même écho ou la même portée.

La municipalité peut être un instrument de pression à divers niveau (provincial, territorial ou provincial) ce qui est loin d'être le cas pour un village ou un hameau ou une habitation.

La municipalité pourra en effet, de par sa manière de se mouvoir, déployer

une force que des familles ne pourraient déployer.
Une municipalité qu'on le veuille ou non sera ou finira par être reconnue.
En effet, la municipalité fait beaucoup et apporte beaucoup.
Nous pouvons l'ignorer ou essayer de l'affaiblir ou la rendre indispensable au développement du pays, elle est toujours présente, fait et agit.
La municipalité n'existe pas parce que juste nous avons besoin d'un lieu, d'un bâtiment qui est représentatif de ce lieu et qui nous permettra de juste dire que nous sommes une municipalité.
Non.
La municipalité existe pour une seule et bonne raison, le bien du peuple.
Pas seulement le bien du peuple qui vit en son sein, mais bien au-delà, le bien du peuple du Canada.
Une municipalité se fonde ou se crée pour le bien-être du peuple.
Et lorsque nous parlons politique, il nous arrive bien souvent d'oublier qu'avant même que ne naisse les nations ou disons la nation, il existait une municipalité et qu'il a toujours existé une municipalité.
La municipalité a existé et existera encore parce que le peuple veut être bien.
Le peuple veut bien vivre.
Le peuple veut rester en vie.
Et pour qu'un peuple reste en vie, il lui faut un lieu, il lui faut un environnement où il pourra naitre, se développer, et pérenniser son existence.
Cet environnement est souvent devant tous, mais les instruments vers lesquels sont enclin à aller les hommes pour rechercher la ou les solutions ont toujours été loin de ce qui apporte le véritable bien au peuple.
Comment pouvez-vous dire que le pays est bien et que l'on y vit bien et que le peuple se sent bien dans le pays lorsque vous ignorez même cet élément

essentiel qu'est l'environnement et le lieu de vie de ce peuple ?

La municipalité, c'est d'elle dont nous sommes en train de parler, est le lieu du bien vivre.

Si nous vivons bien, si le peuple canadien vit bien, ce n'est pas parce que la terre à d'énormes ressources ou que la politique que nous y menons est parfaite, mais c'est d'abord parce que la municipalité existe et que c'est à travers elle et en elle que nous retrouvons ce bien vivre.

Vous ne pouvez pas vivre heureux sans cet instrument.

La municipalité existe pour le bien-être du peuple.

L'essence même de son existence repose dans cette pensée qu'elle est le bonheur pas d'une seule personne mais du peuple du Canada.

Le bonheur de plusieurs et de tous.

Et pour que le bonheur atteigne plusieurs, un instrument est utile et indispensable, c'est la municipalité.

Elle est dans son origine et/ou sa naissance la base d'une communauté forte, rassurante et rassurée, d'une communauté unifiée, prête à se battre pour sauver chacun de ses membres.

La municipalité doit être vue comme un environnement non pas hostile mais favorable à la croissance de l'économie et des marchés et des populations.

Si notre population peine à trouver les éléments nécessaires à son bien-être cela reviendrait à dire que cet instrument qu'est la municipalité n'est pas encore stable ou n'a pas encore été acceptée comme telle et est encore éloignée.

Des investisseurs ou des personnes en quête de développement économique peuvent se projeter et décider, mais tant que cela se fait loin ou en dehors de la municipalité comment pourrait-il exister de la richesse, du développement.

Gouverner
au Canada (vol 1)

La municipalité est un socle et une base nécessaire.

La municipalité n'est pas et ne pourra jamais être un terrain de destruction mais c'est un terrain de vie.

La mairie, un instrument de grande importance pour gouverner tout territoire

Gouverner un territoire ou administrer une terre demande beaucoup d'aptitude, plusieurs qualités, des dons avérés, mais avant tout des instruments qui le permettent.

En 2019, le Canada est une terre de provinces et territoires et cet ensemble forme ce pays que nous avons.

Ce pays va-t-il évoluer ?

Cet ensemble va-t-il évoluer ?

Nous retrouverons-nous dans les années futures dans un environnement différents ?

Serons-nous face à un paysage autre que celui qui a été et est ?

Nous ne répondrons pas maintenant à cette question, mais le plus important d'abord est de savoir ce dont nous sommes capables et avec quoi nous le sommes ou ce que nous voulons et avec quel instrument nous pouvons l'obtenir.

Voici ce dont il est question.

De quoi est capable ou sont capables les esprits vivants sur cette terre du Canada, ces peuples vivants sur cette terre du Canada.

Vous ne pouvez commencer un projet ou prendre en main celui-ci que si vous savez déjà ce que vous pouvez ou de quoi vous êtes capables.

Si vous êtes capables ou non d'apporter et de donner, si vous êtes capables ou non de faire.

Gouverner
au Canada (vol 1)

Lorsque vous prenez le contrôle d'un terrain ou qu'on vous confie un terrain, parce que c'est ce dont il est question ici, vous ne le faites pas juste parce que vous avez faim ou soif.

Vous ne prenez pas le contrôle d'un site parce que la faim et la soif vous poussent à le faire.

Mais vous le faites avant tout parce que vous vous savez en capacité de le faire et d'apporter.

Vous vous savez en capacité de défaire et de refaire comme bon vous semble.

Vous ne vous attaquez pas à une histoire parce qu'on vous a dit que c'est la vôtre, mais parce que vous la savez vôtre.

Savoir si nous pouvons y arriver est important.

Avant de dire ou de commencer ou d'intervenir, il est nécessaire de comprendre cette courbe qui est celle qui permet de comprendre ce qui nous motive vraiment et si cela en vaut la peine et si c'est notre histoire à nous.

Nous pouvons nous attaquer à une histoire de ressources sur un terrain donné, mais si cette histoire n'est pas la nôtre alors nous avons déjà échoué avant même d'avoir commencé et pire encore il nous sera difficile de pouvoir trouver les instruments nécessaires ou d'accepter les instruments dont nous aurions besoin pour nous en sortir.

Arriver sur une terre et se dire que nous allons bricoler, nous allons tout simplement improviser et que tout ira pour le mieux c'est se mentir à soi-même.

Il est bon d'être vrai vis-à-vis de nous-même et de l'être tout le temps que nous passons à vouloir entrer en possession d'une terre ou appréhender la possession d'un territoire et son évolution.

Il est difficile et quasiment impossible de faire évoluer une terre en bien si nous ne prenons pas en compte le : est-ce que nous sommes habilités à le faire ?

Est-ce la chose sur laquelle je peux exercer ?

Est-ce que cette terre du Canada est le lieu approprié pour commander ?

Est-ce que ce pays du Canada est l'environnement dont j'ai besoin pour affirmer tout ce que je suis et que j'ai qui peut être ?

Est-ce que je veux ?

Est-ce que c'est ce qu'il me faut ?

Quand vous voulez un conjoint, il faut être sûr que c'est vraiment ce que vous voulez et que ce n'est pas dû à une convoitise ou à ce que les autres ont ou font.

« Écouter c'est bien, mais savoir c'est mieux » voici ce que me dit toujours mon meilleur ami.

Il n'est pas rare de trouver des personnes qui écoutent mais qui ne savent pas. C'est très souvent le cas.

Vous arrivez dans un pays et vous trouvez des hommes qui migrent vers quelque chose de nouveau dont ils ne savent rien.

Non pas qu'ils n'ont pas de savoir parce le savoir presque tous en n'ont, mais le savoir concernant ce que nous nous apprêtons à faire ou que nous sommes déjà en train de faire, voici ce dont il est question ici.

Nous ne parlerons pas de savoir si cela était un mal ou que cela ne nous permettait pas d'arriver à notre fin.

La Canada est un bon pays, mais un pays qui a besoin d'être aussi gouverner et d'être bien gouverner.

Si vous gouvernez à moitié ou que votre gouvernance n'est pas assez empreinte de savoir ou disons de ce que vous savez ou non être ce qu'il vous faut ou pas, alors vous courrez juste après un salaire que vous n'avez pas trouvé ailleurs et que vous espérez trouver en ce lieu-là.

Gouverner ce n'est pas « je ne sais pas quoi faire donc je vais dans cette direction pour avoir un salaire ».

Non, vous n'y apporterez rien et vous y perdrez du temps, de l'énergie et votre santé dont vous avez besoin pour rentrer dans ce que vous savez ou non être votre environnement.

Ainsi, vous devez aller vers ou dans un endroit non parce que vous y trouverez un salaire, mais avant tout parce que cet endroit est celui que vous pouvez dominer.

Vous savez que cet endroit est celui que vous pouvez soumettre.

Vous savez que cet endroit est celui où vous pouvez faire grandir.

Quand vous devez gouverner, il faut premièrement que cela soit ainsi.

Sinon vous gouvernez juste parce que là se trouve un salaire que vous voulez empocher qui bien-sûr vous fera du mal vers la fin.

Avant de manger une nourriture, il faut savoir si elle est trop salée ou si le dosage de sel est supportable. Ainsi, vous pourrez consommer cette nourriture sans difficulté et éviterez des problèmes de santé.

Et c'est ce dont nous parlons.

Il est nécessaire de savoir si la nourriture que nous voulons manger est très salée ou pas, si nous pouvons la consommer ou pas.

Car si nous ne savons pas si cette dernière est bonne ou pas, nous risquons de consommer quelque chose qui nous fera du mal et pourrait nous ôter la santé voire la vie.

La vie est précieuse et même toute vie est précieuse.

Et le fait de savoir si nous mettons les pieds au bon endroit permet d'en sauver de nombreuses dont la première est la nôtre.

Nous voulons gouverner, nous savons que c'est la gouvernance dont nous avons besoin et qu'il nous faut et que nous sommes armés pour cela.

Mais si nous voulons gouverner et que nous n'arrivons pas à comprendre les instruments nécessaires à la gouvernance, notre gouvernance risque de ne pas se faire ou de ne pas faire.

Lorsque la gouvernance n'apporte pas la vie, il en va de soi qu'elle détruit la vie.

Lorsque la gouvernance ne permet pas l'épanouissement de la vie, lorsqu'elle ne prend pas appui sur le bien être ou la croissance des vies et pour les vies, elle n'est plus une gouvernance.

Donc elle a des agissements motivés avant tout par le temps qu'il est possible de passer à la gouvernance dans le but de continuer à toucher le salaire.

Le salaire n'est pas une motivation qui apporte des solutions ou des résultats.

Pour des résultats concrets et en faveur de ceux-là même pour lesquels nous gouvernons, le peuple canadien, nous devons appréhender la gouvernance en utilisant les instruments susceptibles d'atteindre ceux pour qui et par qui nous sommes en train de gouverner.

La mairie.

Quand il est question de mairie, il peut arriver que nous voyions premièrement ce qu'on appelle souvent hôtel de ville, maison communale, maison de commune ou bureau communal, ce lieu où siègent les élus et l'administration communale (ou municipale).

Mais il est possible aussi de voir à travers ce mot mairie, une ville, un milieu urbain, un milieu physique et humain où se concentre une population qui organise son espace en fonction du site et de son environnement, en fonction de ses besoins et de ses activités propres et aussi de contingences notamment socio-politiques.

Voici comment nous percevons la mairie ou comment est perçue la mairie.

Ainsi vous avez non seulement le lieu où siègent les élus et l'administration communale (municipalité), mais aussi le milieu physique et humain où se concentre une population organisée et/ou qui s'organise.

Que ce soit l'un ou l'autre ou même que ce soit l'un et l'autre, un seul but est poursuivi : une bonne administration et une administration efficace de la terre et des vies humaines.

Ainsi, une approche directe ou dirons-nous une relation directe entre le territoire et son occupant donc le peuple nait, accroissant de manière directe ou indirecte la pérennité de l'un comme de l'autre, la croissance de l'un comme de l'autre, le bien-être de l'un comme de l'autre, l'environnement propice à gouverner ou à la gouvernance.

En effet, vous ne pouvez pas exercer sur un peuple, sur un pays le pouvoir politique (en particulier exécutif), diriger les affaires publiques, la vie politique d'un espace sans cet environnement ou que cet environnement ne soit.

Vous ne pouvez pas gérer un état, exercer, diriger, manœuvrer sur un pays comme le Canada ou tout autre pays qui existe d'ailleurs sans cet environnement là qu'est la croissance de la relation ou du bien-être d'un espace et de son ou ses occupants.

Ainsi lorsque nous désirons gouverner, il est nécessaire d'adopter cet instrument-là, de prendre connaissance et possession de cet instrument-là.

Cet instrument qui est le croisement entre ville et population, entre terre et occupant à travers lequel bien être et croissance naissent.

Gouverner
au Canada (vol 1)

Voici l'instrument dont il est question.

Comment pouvoir exercer sans prendre en compte cet instrument ?

Comment ne pas observer et apprendre à connaitre de cet instrument-là et prétendre gouverner ou vouloir gouverner ?

Gouverner, il est possible mais un instrument de grande importance doit être en notre possession que ce soit moralement, physiquement ou même spirituellement : c'est l'organisation qui permet l'approche et l'assemblage de la terre et de la population au travers desquels naissent bien-être des deux existences.

Si en face d'une terre nous n'avons pas de population ou qu'en face d'une population nous n'avons pas une terre, aucun bien-être, aucune croissance, aucune élévation n'existe.

La continuité de notre terre existe du fait de cet assemblage, de ce rapprochement.

Vous ne vous approchez pas de quelqu'un ou de quelque chose juste parce qu'il faut s'en approcher, mais parce que derrière cette approche se cache un dessein, celui de permettre la vie et la croissance de cette dernière.

Vous ne le faites pas sans qu'il y ait un dessein celui de la pérennité de la vie ou de l'existence.

L'instrument qu'est la mairie ou disons la relation entre la terre et la population est un instrument parmi plusieurs, mais reste un instrument de grande importance pour gouverner.

Et cet instrument de grande importance ne permet pas que d'aider à la gouvernance, mais il nous envoie dans un environnement nouveau et quotidien.

Cet instrument nous conduit vers ce qui est authentique et ce qui est grandiose.

Si cet instrument au niveau local fait son travail, s'il est efficace au niveau local, il l'est aussi au niveau fédéral.

Nous ne faisons pas parfaitement ce que nous faisons au niveau fédéral ou ne pouvons pas bien faire ce que nous faisons au niveau fédéral si nous n'avons pas une source où puiser ce qui permet de bien faire.

Nous n'avons pas d'endroit où nous pouvons aller chercher ce qui est précieux et permet le précieux.

En effet, nous n'obtiendrons jamais le précieux.

Si nous ne pouvons pas et n'avons pas la force et la puissance d'humilité pour aller chercher plus bas, pour aller prendre là dans les eaux profondes, alors la gouvernance que nous exercerons ne sera pas pour ce à quoi ou ceux à qui reviendrait cette dernière, mais à nous et à nous seuls.

Or une gouvernance qui fonctionne ainsi perd toute sa force qui devait servir à garder la terre et son occupant.

Un ministre au Conseil Municipal

Que ferait un ministre au conseil municipal ?

Quelle place aurait un ministre dans un conseil municipal ?

Et encore des questions et encore des questions.

Pourquoi ?

Juste parce que nous avons donné ou donnerions au ministre sa place, parce que nous l'avons planté en un lieu et voulu qu'il y reste ?

Nous avons pris le ou la ministre et nous lui avons donné une limite qu'il ou elle ne devrait pas dépasser.

Nous avons tracé et avons décidé dans notre subconscient que le ministre ne devait pas et qu'il devait.

Mais c'est quoi un ministre ?

Qu'est-ce que c'est qu'un ministre ?

Lorsque nous avons un ou une ministre de la sécurité publique et de la protection civile, un ou une ministre de l'agriculture et de l'agroalimentaire, des affaires étrangères, du commerce, de l'immigration, de l'innovation, de la science, de la justice, des transports etc. à quoi servent-ils exactement ?

Quel est le rôle qu'ils ou elles jouent ?

Qu'est-ce qu'ils ou elles nous apportent ?

Qu'est-ce qu'ils ou elles peuvent et viennent changer ?

Qu'arrivent-ils ou qu'arrivent-elles à faire ou à défaire ?

Un ou une ministre selon la définition globale est un membre du gouvernement et un agent du pouvoir gouvernemental qui est à la tête d'un ministère ou d'un département ministériel.

Mais que fait-il à la tête de ce ministère et que permet sa position à la tête d'un ministère ?

Et pourquoi un ministère ?

S'il est membre d'un gouvernement, c'est pour qu'elle finalité ?

Nous dirons qu'il est en charge de politique ou de gestion dans son domaine ou ses domaines.

Mais à quoi ces domaines-là servent-ils ?

Quel est leur rôle ?

Nous voulons dire quel est leur apport ?

Qu'est-ce qu'ils apportent ?

Qu'est-ce que ces ministères apportent véritablement dans la nation, cette nation canadienne ?

Apportent-ils un véritable changement ?

Si oui, ce changement qu'ils opèrent est -il réel ?

Peut-on toucher ce changement ?

Peut-on profiter de ce changement ?

Nous ne disons pas qu'ils ne sont pas utiles.

Nous ne sommes pas en train de dire qu'ils ne font pas le job.

Nous ne disons pas qu'ils ne cherchent pas à faire ou à apporter.

Mais nous observons et disons : est-ce que nous savons pourquoi nous établissons des ministres et pour qui le faisons-nous ?

Dans quel but donnons-nous le titre et le pouvoir à des canadiens et des canadiennes pour exercer une autorité ?

Est-ce juste parce que les nations ont aussi des ministres ou juste parce qu'avoir des ministres nous donne l'illusion que nous avons une force et un groupe en premier plan qui pourra faire face aux batailles que devront mener le peuple canadien ?

Sommes-nous en train de juger ces hommes et femmes qui veulent faire et n'y arrivent souvent pas ou pleinement comme le peuple canadien le souhaite ?

Sommes-nous en train de dire que ces personnes ne sont pas utiles pour le Canada ?

Quoi que nous puissions apporter comme jugement, ce dernier ne sera pas dans l'optique de détruire, mais ouvrir les yeux afin que de par une bonne vision, nous ayons et développions un schéma véritable de l'apport de ces personnes à qui le pouvoir est remis.

Lorsque vous avez un pouvoir, c'est pour un peuple, c'est pour le peuple du Canada.

Mais, où se trouve ce peuple ?

Où se trouve le peuple canadien ?

Lorsque vous arrivez sur la terre du Canada, où est-ce que vous trouverez le peuple canadien ?

Les trouverez-vous dans les forêts canadiennes ?

Les trouverez-vous dans les montagnes du Canada ?

Certes ce peuple vit à travers ces éléments, mais ces derniers ont un nom bien connu : ce sont des villes, ce sont des municipalités.

Lorsque vous arrivez au Canada et que vous rencontrez des canadiens, ils sont, pour la majorité, à l'intérieur des villes.

Vous ne les trouverez pas dispersés ou éparpillés partout et n'importe comment.

Vous les trouverez dans des municipalités.

Ainsi, si ce peuple canadien se trouve dans les villes, comment pouvons-nous travailler pour lui ou agir en son nom, alors que nous ne savons même pas de quoi est fait son quotidien ?
Comment pouvons-nous travailler pour lui ou agir en son nom si nous ne participons pas jour après jour à son quotidien ?
Si nous ne travaillons pas directement au quotidien pour ce peuple-là, comment pouvons dire que nous sommes établis pour lui ?
Comment dire que je suis ministre en attendant tranquillement dans mon bureau ou mon service qui est perché tout là-haut.
Exercer directement au sein de la population canadienne ce n'est pas ne pas être un ministre ?
Exercer au plus près du peuple canadien ce n'est pas ne pas être un ministre ?
Exercer au sein d'une mairie, d'une municipalité ce n'est pas ne pas être un ministre.
Voici ce que nous disons.
Tout ministre doit descendre de là où il se trouve et prendre place dans une municipalité.
Plus les ministres prendront place au sein d'un municipalité, plus ils auront un ou des sièges dans une municipalité, plus ils pourront appréhender certaines situations ou certaines difficultés que rencontre directement le peuple canadien pour lequel ils sont établis.
Un ou une ministre doit siéger au conseil d'une mairie.
Nous disons pour être plus claire qu'avant de pouvoir être ministre au sein d'un gouvernement, nous devons déjà être au sein d'une mairie soit en tant que responsable en premier soit en tant que membre siégeant.
Nous disons que participer et être au sein d'un conseil municipal est un

avantage non négligeable pour tout ministre fédéral voire provincial.
Nous disons que si l'on s'attend à ce que tout ministre fédéral ait un mandat de député dans sa prise de fonction ministérielle, il est encore nécessaire et même plus important qu'il soit et exerce au sein d'un conseil municipal.
Nous disons qu'un ministre qui exercerait au sein d'une conseil municipal aurait une approche différente et une vision parfaite des choses et aurait une mesure exacte dans ses prises de décisions ou ses projets pour le peuple canadien.
Et nous disons même que cela devrait être une condition dans le cadre de l'exercice de la fonction ministérielle au niveau fédéral comme provincial ou territorial au Canada.
On ne devient pas ministre parce que juste nous sommes d'une famille politique ou que nous avons des amis en politique avec qui nous projetons de diriger et conduire le Canada.
Nous le sommes avant tout pour et par le peuple du Canada.
Ainsi comment pouvons l'être pour et par le peuple si nous sommes si loin de lui ?
Comment pouvons-nous l'être si nous sommes si éloignés de ses aspirations, de ses rêves, de son quotidien ?
Un ministre doit être proche et même le plus proche possible de l'environnement auquel il souhaite apporter et rendre prospère.
Et la meilleure façon de pouvoir le faire c'est qu'il siège au sein d'un conseil municipal.
Voici ce que nous disons.
Nous disons que pour le bien-être du peuple canadien, des populations au sein de ces villes, tout ministre, tant au niveau provincial, territorial que

fédéral, que ce soit du bureau du conseil privé, de la sécurité publique du Canada, de l' agriculture et de l'agroalimentaire du canada, des affaires mondiales du Canada, de l'immigration et de la citoyenneté du Canada, des affaires autochtones et du nord Canada, du conseil du trésor, des innovations, des sciences et développement du Canada, du ministère des finances, du ministère de la justice, des services publics et approvisionnement du Canada, de la santé du Canada, de l'emploi et développement social du Canada, des transport du Canada, des ressources naturelles canadiennes, du patrimoine canadien, du revenu national canadien, des anciens combattants canadiens, de l'environnement et changement climatique canadien, du ministère de la défense nationale, de l'infrastructure du Canada, des pêches et océans du Canada doivent siéger au conseil d'une municipalité avant d'être nommé ou d'occuper un soit disant poste ministériel.
Ce n'est pas une punition et cela ne représente aucunement une punition, mais permettra le développement de leur vision du bien du peuple canadien.
Un ministre doit siéger au sein d'un conseil municipal avant même d'occuper un poste ministériel.
Un ministre doit siéger au sein d'un conseil municipal pendant qu'il est à son poste ou un quelconque poste ministériel.
Voici ce que nous disons.
Donner à un ministre de siéger au sien d'une municipalité peu importe laquelle c'est donner à la municipalité d'avoir un nouveau visage et de développer une approche nouvelle et expérimentale du bien-être des populations canadiennes puisque c'est la raison pour laquelle existent la municipalité et même le ministre, puisque c'est le but pour lequel ils sont établis et que le pouvoir leur est donné, puisque c'est la raison pour laquelle

existent un ministère ou une municipalité.

La municipalité, un atout national

Lorsque vous voulez migrer dans un pays ou attirer des populations à venir dans votre pays, vous ne cherchez pas à créer un environnement austère qui empêche votre projet de voir le jour, mais vous développez un environnement qui facilite et aide à l'aboutissement de ce dernier.

Ainsi, sur votre liste, il y aura le besoin d'échapper à la morosité, le besoin d'obtenir un meilleur travail, une vie meilleure pour sa famille etc.

Dans tous les cas, que ce soit pour celui qui vit déjà sur le territoire canadien ou pour celui qui doit y vivre, les raisons sont bel et bien présentes et sont très nombreuses.

Une terre présentera une longue liste pour inciter ou encourager à l'immigration :

- les opportunités d'emploi,
- les salaires,
- l'environnement de travail,
- les talents,
- les banques,
- l'administration,
- la fiscalité,
- l'immobilier,
- le climat,
- les rapports ou relations humaines,
- la sécurité,
- la civilité,

- la réussite,
- les capacités de renouvellement,
- les grands espaces,
- la culture,
- les pays voisins,
- la neige / le soleil,
- de nouvelles rencontres…

Mais la question est : toutes ces choses, où les trouve-t-on ?

Où sont-elles ?

En effet, vous ne pouvez pas arriver dans un pays et trouver toutes ces choses à la première frontière que vous franchissez et ce pour une simple et bonne raison, le pays est fait de villes et même de plusieurs villes.

Et c'est dans ces villes-là que vous pouvez trouver ces éléments-là.

Ainsi, l'immigration ne se fera pas n'importe où, ni n'importe comment, mais en prenant appui sur une ville, en prenant appui sur des villes.

Vous ne direz pas je vais au Canada !

Puisque le pays est vaste.

Vous ne pouvez pas dire je vais investir au Canada !

Puisque la terre est vaste.

Vous ne direz pas non plus, mon entreprise va développer une branche au Canada !

Et qu'est-ce que nous disons ?

Et que sommes-nous en train de dire ?

Tout pays a des atouts.

Que vous soyez au nord ou au sud, il y a des atouts.

Mais on ne retrouve pas ces atouts dans le vide.

Gouverner
au Canada (vol 1)

Lorsque vous entrez dans un pays, vous ne pouvez trouver les atouts de ce pays que dans les villes de ce pays.

Vous ne trouverez pas ces atouts-là dans l'espace, dans le néant, mais vous les trouverez dans chaque ville que vous traverserez ou que vous allez vouloir traverser.

Vous n'immigrez pas au Canada, mais vous immigrez dans une ville du Canada, dans des villes canadiennes.

Un investisseur ne s'intéressera pas au potentiel du Canada, mais de la ville.

Il s'intéressera à la première économie pour laquelle il va devoir sortir ses armes ou l'une de ces armes de possession économique.

Une personne qui investit ou s'investit au Canada, ne le fait pas au Canada, mais elle le fait principalement dans une ville.

Que ce soit des intelligences, des finances ou d'autres investissements, cela ne se fera pas dans tout le Canada, ou ne commencera pas dans tout le Canada.

Non, jamais cela ne se fera ainsi.

Cela se fera étape par étape.

Peu importe les moyens qui sont déployés, cela ne se fera que par petit bout.

Ainsi la première cible sera une ville, une municipalité.

Une municipalité sera la première cible d'un investissement que ce soit familiale, économique, temporaire ou pour la protection.

Vous n'irez pas partout et n'importe où.

Mais vous prendrez une position, vous aurez un appui, vous aurez une base et c'est là que tout commencera et c'est de là que tout se développera et pourra, si tout se déroule bien, se stabiliser.

Ainsi, nous devons mettre en avant la municipalité.

Nous devons, en tant que pays qui accueille, parler et mettre en avant la ville.

Gouverner
au Canada (vol 1)

Nous devons faire connaitre la ville puisque c'est elle qui est et qui sera le fer de lance.

Un pays, ou disons le Canada, n'ira pas s'appuyer sur tout et n'importe quoi, ou sur tout ce qui se fait dans le pays, mais dans une destination première.

Tel qu'une personne a une cible avant de s'engager, tel le Canada doit mettre en avant les éléments qui sont potentiellement des cibles et qui le resterons toujours, de toutes manières.

Ainsi, nous ne parlerons pas du pays, mais de la municipalité qui est un atout.

Nous ne parlerons pas du pays, mais de la municipalité par laquelle une entreprise, une famille, une personne, pourrait commencer et s'étendre et devenir et rester.

La municipalité n'est pas qu'un instrument qui sert pour la population qui l'habite, mais c'est un véritable atout pour tout le pays.

Le pays ne se stabiliserait pas si cet atout n'était pas stable ou n'attirait pas.

Mais c'est parce que les municipalités attirent que le pays attire.

C'est parce que les municipalités sont attractives que le pays l'est aussi.

C'est parce que les municipalités sont des lieux d'expérimentation et de force que le pays le devient aussi.

C'est parce que les municipalités sont des endroits de grands changements que le pays l'est aussi.

C'est parce que dans une municipalité un homme, une femme s'est levé(e) qu'un jour les choses ont commencé à bouger.

Tout part en effet d'une municipalité.

Un pays sans une municipalité forte est un pays faible.

Un pays sans des municipalités avec des opportunités est un pays qui rebutent les opportunités.

Gouverner au Canada (vol 1)

On ne court pas dans tous les sens pour pouvoir donner à notre terre d'avoir des opportunités.

L'opportunité ne se créée pas, mais elle est.

Et ces dernières sont déjà à travers la municipalité.

Ces dernières sont déjà par l'existence et la continuité de la municipalité.

Les municipalités existent et c'est de par leur existence que le pays devient un environnement d'opportunité, un site d'attractivité.

Le pays possède des atouts parce que chaque municipalité d'un bout à l'autre du pays possède ces atouts et que ces derniers sont mis en avant.

Investir dans la municipalité

L'investissement peut se développer de plusieurs manières.

Il peut être stratégique, il peut être financier, il peut être immatériel, il peut être productif.

Nous pouvons investir de diverses manières et divers éléments.

Mais les éléments que nous avons en face de nous doivent-ils être tous sujets de réflexion en termes d'investissement ?

Devons-nous obligatoirement nous lancer dans une réflexion d'investissement dans tout ce que nous rencontrons sur notre chemin ?

Ce que nous voulons dire c'est qu'il est bien d'investir ou de s'investir, mais il n'est pas bon d'investir dans tout et partout et sur tout ce que nos yeux voient.

Nous pouvons voir une femme, un homme, nous pouvons les rencontrer, mais nous ne sommes pas obligés d'investir dans où en cet homme-là ou cette femme-là.

Nous pouvons voir une entreprise, une belle société qui fait ou fera des bénéfices mais nous ne sommes pas obligés de nous investir ou d'investir en elle.

Nous pouvons tomber sur des bijoux de grande valeur mais nous ne sommes pas obligés d'investir dans ces bijoux-là.

Nous pouvons voir une nourriture qui semble être bonne au visuel et qui a une très bonne odeur, mais nous ne sommes pas obligés de nous investir dans cette nourriture-là.

Il peut nous arriver de tomber sur un vêtement de qualité et des chaussures en peau rare, mais nous ne sommes pas obligés de nous investir dans ces choses-là.

Investir demande que nous ayons un but, investir demande que nous ayons une vision.

Investir demande à ce que nous ayons une destination.

Investir demande à ce que nous soyons sur une lancée.

Investir ne dit pas voici il faut.

Non.

Le raisonnement de l'investissement n'est pas ainsi formulé ou l'investissement ne formule pas ainsi.

Lorsque l'investissement est en un lieu et commence à ouvrir la bouche pour nous enseigner sur ce qui est bon et ce qui va nous être utile : il a un langage.

Cela permettra de rester en vie.

C'est un élément important pour la survie.

C'est un projet d'avenir.

Cela donnera plus de valeur.

Cela donnera de la hauteur.

Cela permettra d'acquérir.

Cela permettra de contrôler ;

Cela permettra d'être heureux de génération en génération.

Cela permettra de ne jamais manquer.

Cela permettra de construire quelque chose de durable.

Cela donnera de faire naitre.

Voici entre autres le langage de l'investissement.

Ainsi l'investissement ne porte pas sur les choses périssables, mais sur celles qui durent et donnent de pouvoir durer et même celles qui peuvent être léguées d'une génération à une autre.

Aussi l'investissement doit se porter sur des éléments que nous savons durables ou des instruments que nous savons capables de renouvellement, de procréation, de continuité, et qui peuvent nous donner d'être, de rester solide, enracinés.

Pour investir, il faut avant tout avoir un but.

Voici ce que nous disons.

Lorsque le but nait et qu'il est réel, lorsque ce but-là permet de pouvoir rallonger ou prolonger ou permet le prolongement alors nous pouvons commencer à investir premièrement nos pensées ou disons notre esprit sur l'élément.

Ensuite, viendront les autres actes d'investissement ainsi de suite pour finir sur ce que nous attendons et désirons.

Ainsi, plusieurs éléments peuvent nous donner ce prolongement ou permettre ce prolongement.

Et ici l'élément qui nous intéresse est la municipalité.

Mais la question que se poseraient plusieurs est : mais en quoi la municipalité peut-elle être un prolongement ou permettre un prolongement ?

Il est vrai que lorsque nous observons brièvement la municipalité, nous nous disons qu'il n'y a rien à attendre si ce n'est que pour les transports collectifs, les pistes cyclables, les parcs, l'entretien des rues et le déneigement, les loisirs, le stationnement, les animaux domestiques.

Si cela est vu ainsi, alors nous pouvons très vite ne pas prendre en compte le fait que la municipalité a son importance et même une importance non négligeable.

En effet, lorsque nous la voyons ainsi, nous ne pouvons pas nous dire qu'il y a lieu d'y investir.

Mais en allant plus loin ou en regardant de plus près, nous pouvons voir et comprendre que la municipalité est le lieu de notre prolongement et qui permet notre prolongement.

Nous pourrons comprendre que la municipalité est un espace et même un élément formidable d'investissement.

Peut-on investir dans la municipalité pour avoir des retours financiers ?

Quoi que cela soit possible, nous pouvons dire que la municipalité peut aller plus loin que ce raisonnement ou cette manière d'appréhender.

L'investissement dans la municipalité concerne tous et est un bon investissement pour plusieurs.

Que ce soit les populations de la municipalité, que ce soit les populations de la région, de la province, que ce soit au niveau fédéral donc le gouvernement.

Investir dans une municipalité, quel que soit le type d'investissement, quelle que soit la hauteur de l'investissement, les retours sur ces investissements ne sont jamais déception et ne le seront jamais.

De par notre investissement dans une municipalité nous gagnons en stratégie de développement de notre politique, quelle qu'elle soit, nous gagnons sur le plan relationnel, nous gagnons sur le plan de la paix, nous gagnons sur le plan de la santé, nous pouvons gagner sur le plan financier, nous pouvons gagner sur le plan matériel et encore et encore et à bien d'autres niveaux.

Investir dans la municipalité demande à ce que nous comprenions que dans une municipalité se retrouvent diverses économies et que ces économies-là ne peuvent nous profiter que si nous sommes les personnes qui y investissent.

L'économie ne se retrouve jamais dans un pays comme un électron libre, mais nous le retrouvons et pouvons le trouver dans un endroit bien précis : la municipalité.

Quand vous arrivez au Canada, vous ne pouvez pas dire : je vais investir au Canada, mais vous allez trouver une municipalité au sein de laquelle vous trouverez des talents, des dons, des compétences, des qualités, des capacités, des créations et biens d'autres biens matériels.

Aussi c'est dans ces éléments que vous allez investir ou qui devrons être votre sujet d'investissement, ces éléments qui se trouvent ou que nous pouvons rencontrer au sein d'une municipalité.

Au sein d'une municipalité nous trouverons ces éléments ou instruments susceptibles de changer et d'améliorer, d'accroitre et de prolonger notre existence.

Printed by Books on Demand GmbH, Norderstedt / Germany